de school - school	2
de reis - travel	5
het transport - transport	8
de stad - city	10
het landschap - landscape	14
het restaurant - restaurant	17
de supermarkt - supermarket	20
de dranken - drinks	22
het eten - food	23
de boerderij - farm	27
het huis - house	31
de woonkamer - living room	33
de keuken - kitchen	35
de badkamer - bathroom	38
de kinderkamer - kids room	42
de kleding - clothing	44
het kantoor - office	49
de economie - economy	51
de beroepen - occupations	53
het gereedschap - tools	56
de muziekinstrumenten - musical instruments	57
de dierentuin - zoo	59
de sport - sports	62
de activiteiten - activities	63
de familie - family	67
het lichaam - body	68
het ziekenhuis - hospital	72
het noodgeval - emergency	76
de aarde - earth	77
de klok - clock	79
de week - week	80
het jaar - year	81
de vormen - shapes	83
de kleuren - colors	84
de tegenstellingen - opposites	85
de getallen - numbers	88
de talen - languages	90
wie / wat / hoe - who / what / how	91
waar - where	92

AF234518

Impressum
Verlag: BABADADA GmbH, Nedderfeld 112 , 22529 Hamburg
Geschäftsführer / Verlagsleitung: Harald Hof
Druck: Books on Demand GmbH, In de Tarpen 42, 22848 Norderstedt

Imprint
Publisher: BABADADA GmbH, Nedderfeld 112 , 22529 Hamburg, Germany
Managing Director / Publishing direction: Harald Hof
Print: Books on Demand GmbH, In de Tarpen 42, 22848 Norderstedt

de school

school

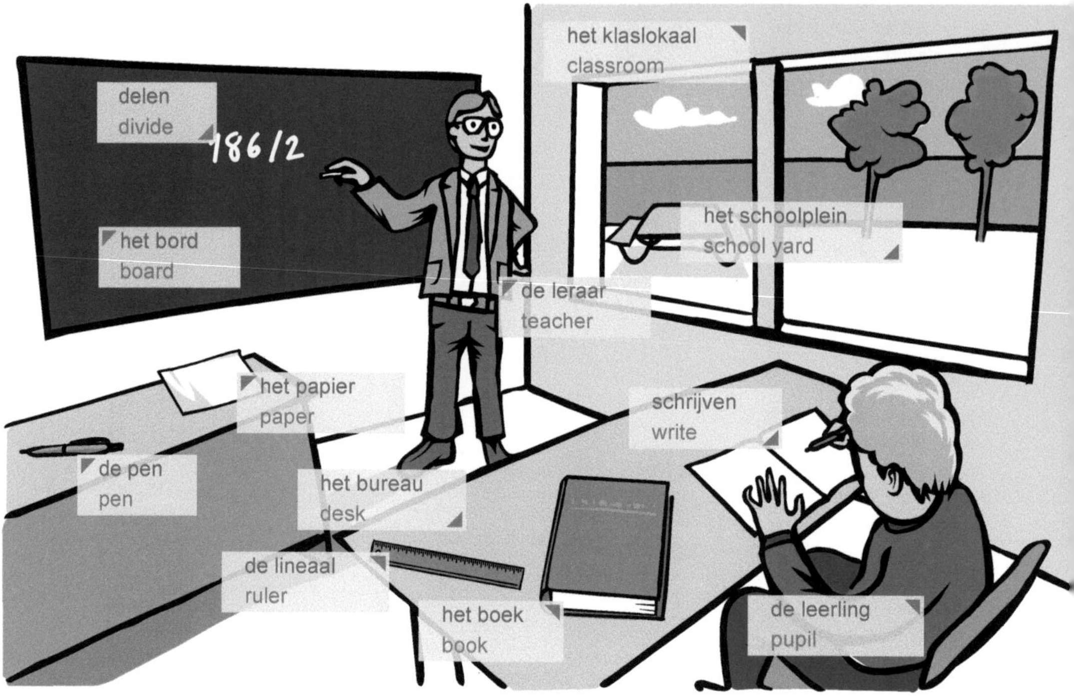
het klaslokaal
classroom
delen
divide
186/2
het bord
board
het schoolplein
school yard
de leraar
teacher
het papier
paper
schrijven
write
de pen
pen
het bureau
desk
de lineaal
ruler
het boek
book
de leerling
pupil

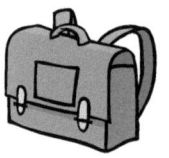

de schooltas

satchel

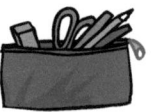

de etui

pencil case

het potlood

pencil

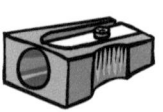

de puntenslijper

pencil sharpener

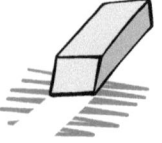

de gum

rubber

het schetsblok

drawing pad

de tekening
drawing

het penseel
paintbrush

de verfdoos
paint box

de schaar
scissors

de lijm
glue

het schrift
exercise book

het huiswerk
homework

het getal
number

optellen
add

aftrekken
subtract

vermenigvuldigen
multiply

rekenen
calculate

de letter
letter

het alfabet
alphabet

het woord
word

de tekst

text

lezen

read

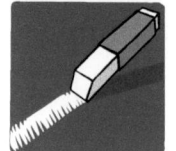

het krijt

chalk

de les

lesson

het klassenboek

register

het examen

examination

het diploma

certificate

het schooluniform

school uniform

de opleiding

education

de encyclopedie

encyclopedia

de universiteit

university

de microscoop

microscope

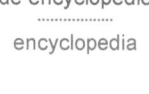

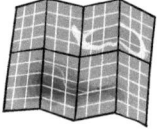

de kaart

map

de prullenmand

waste-paper basket

de reis

travel

Grand
het hotel
hotel
het hostel
hostel
ROOMS
het wisselkantoor
currency exchange office
de koffer
suitcase
de auto
car

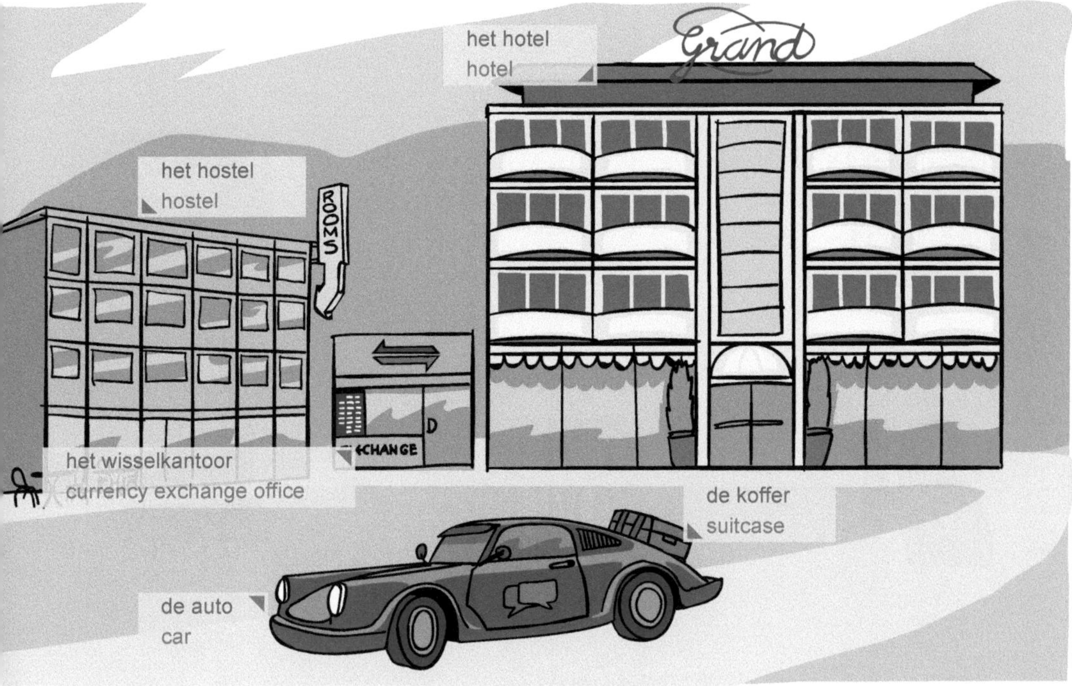

de taal

language

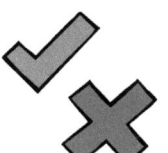

ja / nee

yes / no

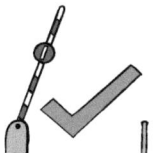

oké

Okay

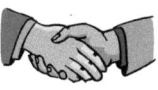

Hallo!

hello

de tolk

translator

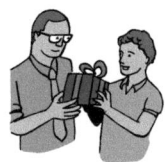

Bedankt.

Thank you

Wat kost …?

how much is…?

Ik begrijp het niet.

I don´t get it

het probleem

problem

Goedenavond!

Good evening!

Goedemorgen!

Good morning!

Goedenacht!

Good night!

Tot ziens!

goodbye

de richting

direction

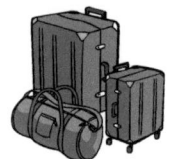

de bagage

luggage

de tas

bag

de rugzak

backpack

de gast

guest

de kamer

room

de slaapzak

sleeping bag

de tent

tent

het VVV-kantoor
tourist information

het strand
beach

de creditkaart
credit card

het ontbijt
breakfast

de lunch
lunch

het diner
dinner

het kaartje
Ticket

de lift
elevator

de postzegel
stamp

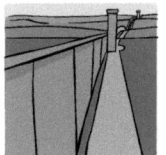

de grens
border

de douane
customs

de ambassade
embassy

het visum
visa

het paspoort
passport

de reis - travel

7

het transport

transport

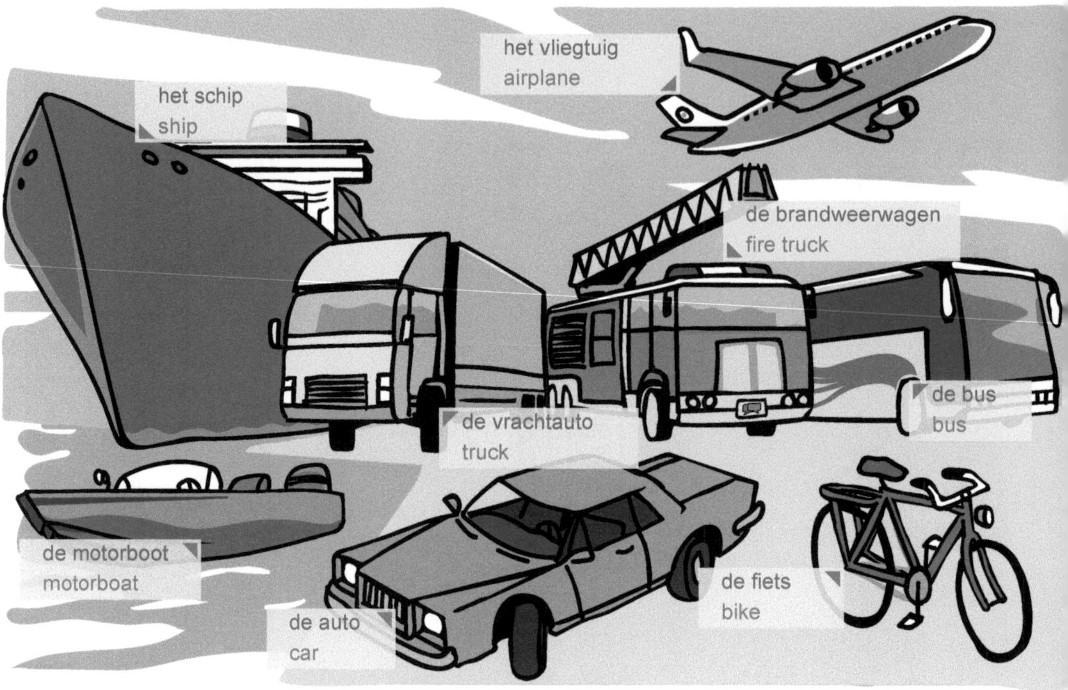

het vliegtuig
airplane
het schip
ship
de brandweerwagen
fire truck
de bus
bus
de vrachtauto
truck
de motorboot
motorboat
de fiets
bike
de auto
car

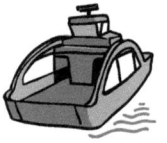

de veerboot

ferry

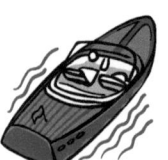

de boot

boat

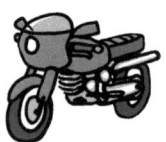

de motorfiets

motorbike

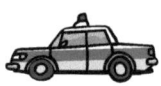

de politiewagen

police car

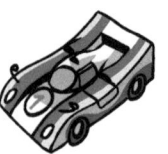

de raceauto

racing car

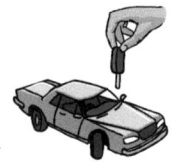

de huurauto

rental car

de carsharing

car sharing

de takelwagen

tow truck

de vuilniswagen

garbage truck

de motor

engine

de benzine

fuel

de benzinepomp

fuel station

het verkeersbord

traffic sign

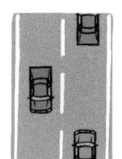

het verkeer

traffic

de file

traffic jam

de parkeerplaats

parking lot

het station

train station

de rails

tracks

de trein

train

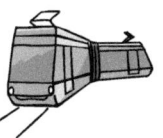

de tram

tram

de wagon

wagon

de helikopter

helicopter

de luchthaven

airport

de toren

tower

de passagier

passenger

de container

container

de verhuisdoos

carton

de kar

cart

de mand

basket

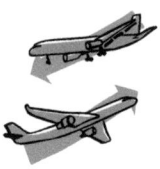

opstijgen / landen

take off / land

de stad

city

het dorp

village

het stadscentrum

city center

het huis

house

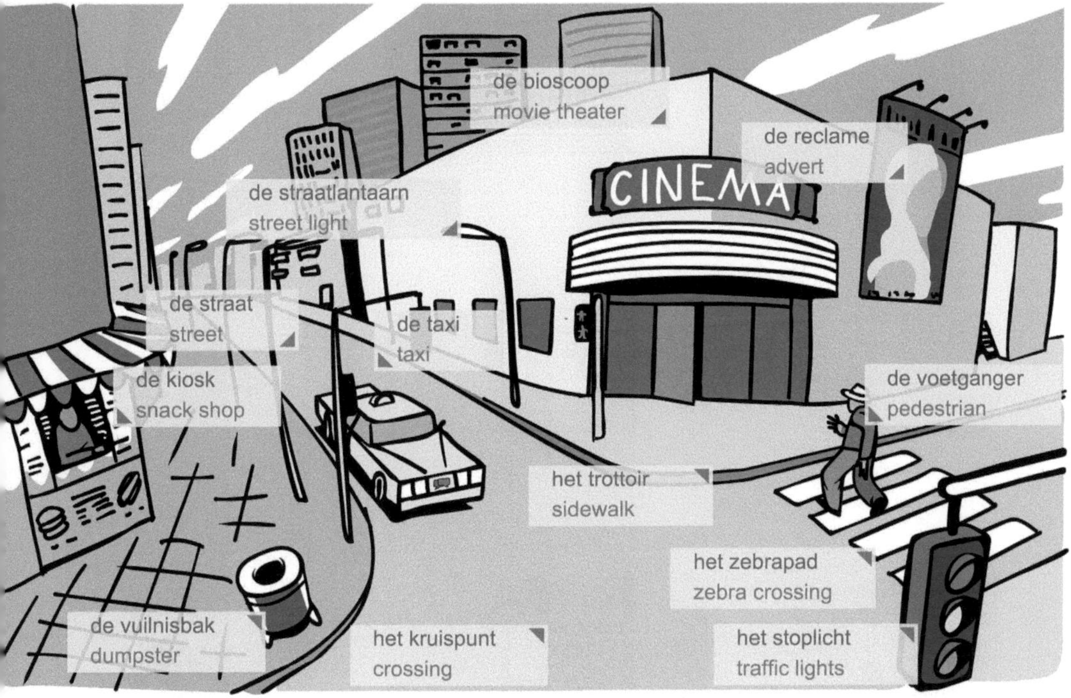

de bioscoop
movie theater

de reclame
advert

de straatlantaarn
street light

CINEMA

de straat
street

de taxi
taxi

de kiosk
snack shop

de voetganger
pedestrian

het trottoir
sidewalk

het zebrapad
zebra crossing

de vuilnisbak
dumpster

het kruispunt
crossing

het stoplicht
traffic lights

de hut

hut

het appartement

apartment

het station

train station

het stadhuis

city hall

het museum

museum

de school

school

de universiteit

university

de bank

bank

het ziekenhuis

hospital

het hotel

hotel

de apotheek

pharmacy

het kantoor

office

de boekenwinkel

book shop

de winkel

shop

de bloemenwinkel

flower shop

de supermarkt

supermarket

de markt

market

het warenhuis

department store

de visboer

fishmonger's shop

het winkelcentrum

mall

de haven

harbor

het park
park

de bank
bench

de brug
bridge

de trap
stairs

de metro
subway

de tunnel
tunnel

de bushalte
bus stop

de bar
bar

het restaurant
restaurant

de brievenbus
postbox

het straatnaambord
street sign

de parkeermeter
parking meter

de dierentuin
zoo

het zwembad
swimming pool

de moskee
mosque

de boerderij

farm

de vervuiling

pollution

de begraafplaats

cemetery

de kerk

church

de speelplaats

playground

de tempel

temple

het landschap
landscape

het blad
leaf

de wegwijzer
signpost

de weg
path

de weide
meadow

de steen
stone

de boom
tree

de wandelaar
hiker

de rivier
river

het gras
gras

de bloem
flower

de vallei

valley

de berg

hill

het meer

lake

het bos

forest

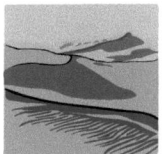

de woestijn

desert

de vulkaan

volcano

het kasteel

castle

de regenboog

rainbow

de paddenstoel

mushroom

de palmboom

palm tree

de mug

mosquito

de vlieg

fly

de mier

ant

de bij

bee

de spin

spider

de kever

beetle

de kikker

frog

de eekhoorn

squirrel

de egel

hedgehog

de haas

hare

de uil

owl

de vogel

bird

de zwaan

swan

het wild zwijn

boar

het hert

deer

de eland

moose

de stuwdam

dam

de windmolen

wind turbine

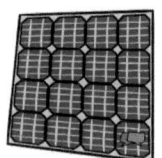

het zonnepaneel

solar panel

het klimaat

climate

het restaurant
restaurant

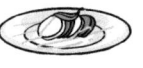

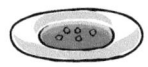

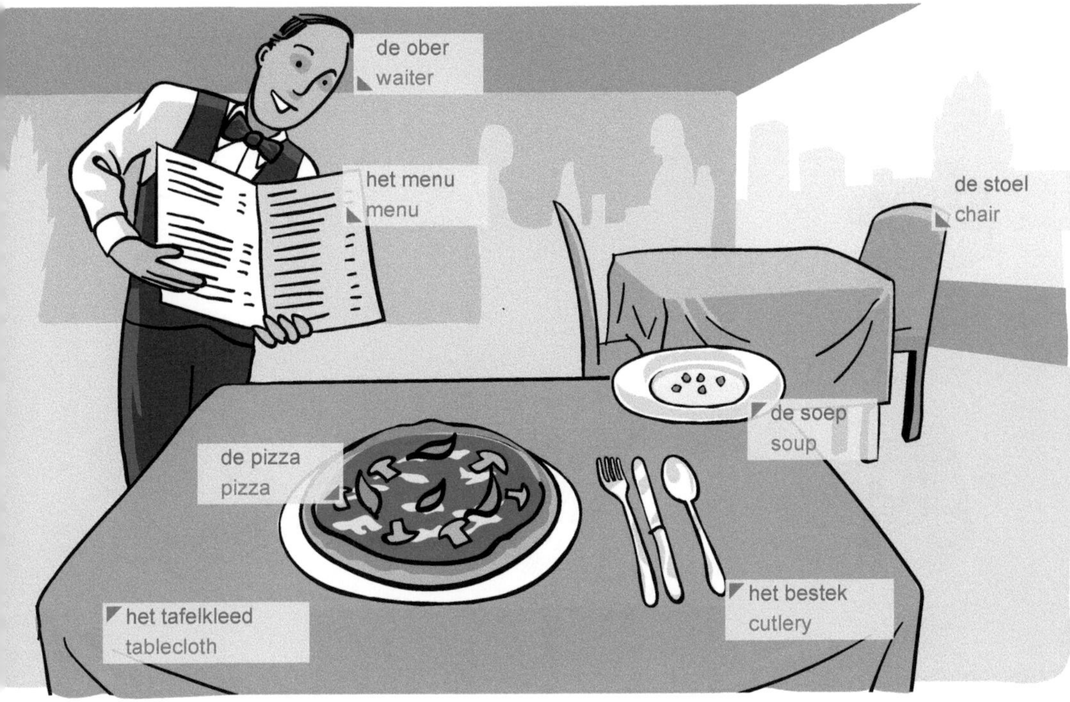
de ober
waiter
het menu
menu
de stoel
chair
de soep
soup
de pizza
pizza
het bestek
cutlery
het tafelkleed
tablecloth

het voorgerecht

starter

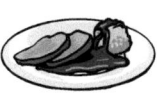

het hoofdgerecht

main course

het toetje

dessert

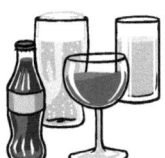

de dranken

drinks

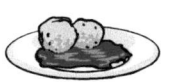

het eten

food

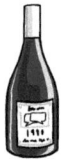

de fles

bottle

de/het fastfood

fast food

het eetkraampje

street food

de theepot

teapot

de suikerpot

sugar bowl

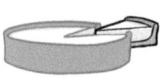

de portie

portion

de espressomachine

espresso machine

de kinderstoel

high chair

de rekening

bill

het dienblad

tray

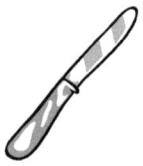

het mes

knife

de vork

fork

de lepel

spoon

de theelepel

teaspoon

het servet

serviette

het glas

glass

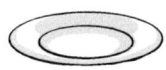

het bord
plate

het soepbord
soup plate

de schotel
saucer

de saus
sauce

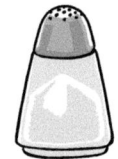

het zoutvaatje
salt shaker

de pepermolen
pepper mill

de azijn
vinegar

de olie
oil

de kruiden
spices

de ketchup
ketchup

de mosterd
mustard

de mayonaise
mayonnaise

de supermarkt
supermarket

de aanbieding
special offer
FOR
de klant
customer
de zuivelproducten
dairy products
het fruit
fruit
de winkelwagen
shopping cart

BUTCHERS

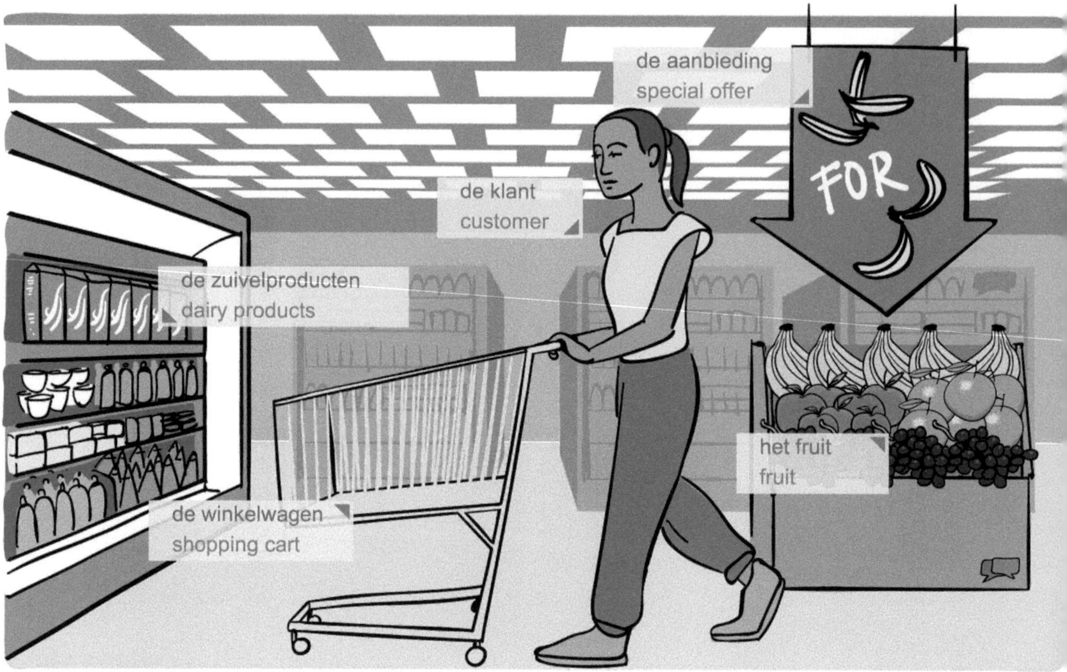

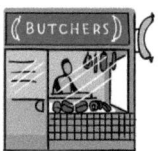

de slager

butcher's shop

BAKERY

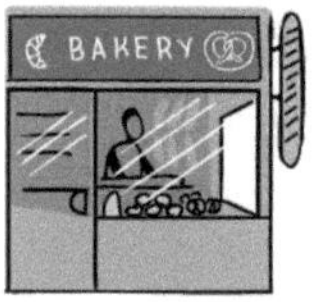

de bakkerij

bakery

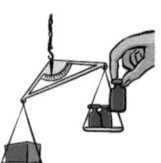

wegen

weigh

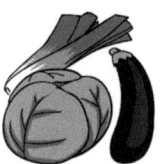

de groente

vegetables

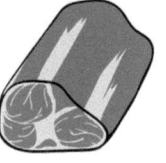

het vlees

meat

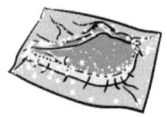

de diepvriesproducten

frozen food

de vleeswaren
cold cuts

de conserven
canned food

het wasmiddel
detergent

het snoepgoed
candy

de huishoudelijke artikelen
household products

het schoonmaakmiddel
cleaning products

de verkoopster
sales representative

de kassa
cash register

de kassier
cashier

het boodschappenlijstje
shopping list

de openingstijden
opening hours

de portefeuille
wallet

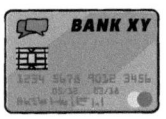

de creditkaart
credit card

de tas
bag

de plastic zak
plastic bag

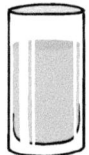

het water

water

het sap

juice

de melk

milk

de cola

coke

de wijn

wine

het bier

beer

de alcohol

alcohol

de chocolademelk

cocoa

de thee

tea

de koffie

coffee

de espresso

espresso

de cappuccino

cappuccino

de banaan

banana

de appel

apple

de sinaasappel

orange

de watermeloen

melon

de citroen

lemon

de wortel

carrot

de knoflook

garlic

de bamboe

bamboo

de ui

onion

de paddenstoel

mushroom

de noten

nuts

de pasta

noodles

de spaghetti

spaghetti

de rijst

rice

de salade

salad

de friet

fries

de gebakken aardappelen

fried potatoes

de pizza

pizza

de hamburger

hamburger

de sandwich

sandwich

de schnitzel

escalope

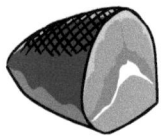

de ham

ham

de salami

salami

de worst

sausage

de kip

chicken

het gebraad

roast

de vis

fish

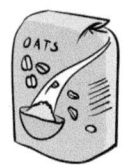

de havermout

porridge oats

de muesli

muesli

de cornflakes

cornflakes

het meel

flour

de croissant

croissant

de broodjes

bread roll

het brood

bread

de toast

toast

de koekjes

cookies

de boter

butter

de kwark

curd

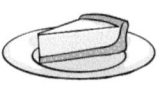

de taart

cake

het ei

egg

het gebakken ei

fried egg

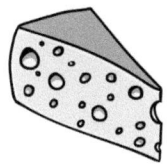

de kaas

cheese

het ijs

ice cream

de suiker

sugar

de honing

honey

de jam

jelly

de chocoladepasta

nougat cream

de kerrie

curry

de boerderij

farm

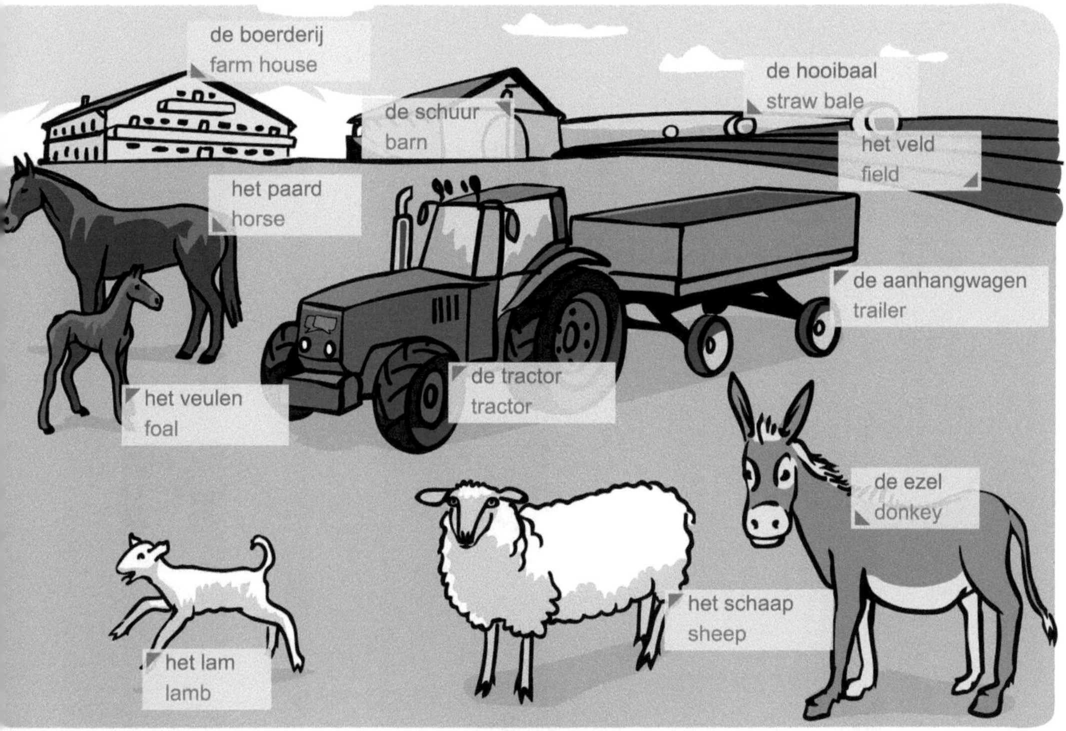
de boerderij
farm house
de schuur
barn
de hooibaal
straw bale
het veld
field
het paard
horse
de aanhangwagen
trailer
de tractor
tractor
het veulen
foal
de ezel
donkey
het schaap
sheep
het lam
lamb

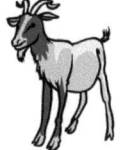

de geit

goat

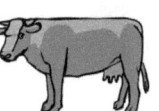

de koe

cow

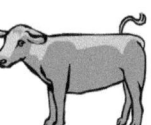

het kalf

calf

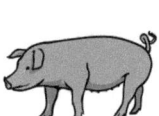

het varken

pig

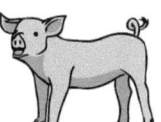

de big

piglet

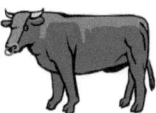

de stier

bull

de gans
goose

de eend
duck

het kuiken
chick

de kip
hen

de haan
cockerel

de rat
rat

de kat
cat

de muis
mouse

de os
ox

de hond
dog

het hondenhok
dog house

de tuinslang
garden hose

de gieter
watering can

de zeis
scythe

de ploeg
plow

de sikkel

sickle

de schoffel

hoe

de hooivork

pitchfork

de bijl

axe

de kruiwagen

pushcart

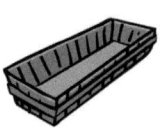

de trog

trough

de melkbus

milk can

de zak

sack

het hek

fence

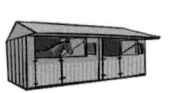

de stal

stable

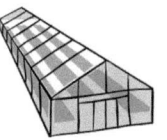

de broeikas

greenhouse

de grond

soil

het zaad

seed

de mest

fertilizer

de maaidorser

combine harvester

oogsten

harvest

de oogst

harvest

de yam

yams

de tarwe

wheat

de soja

soya

de aardappel

potato

de maïs

corn

het koolzaad

rapeseed

de fruitboom

fruit tree

de maniok

manioc

de granen

grain

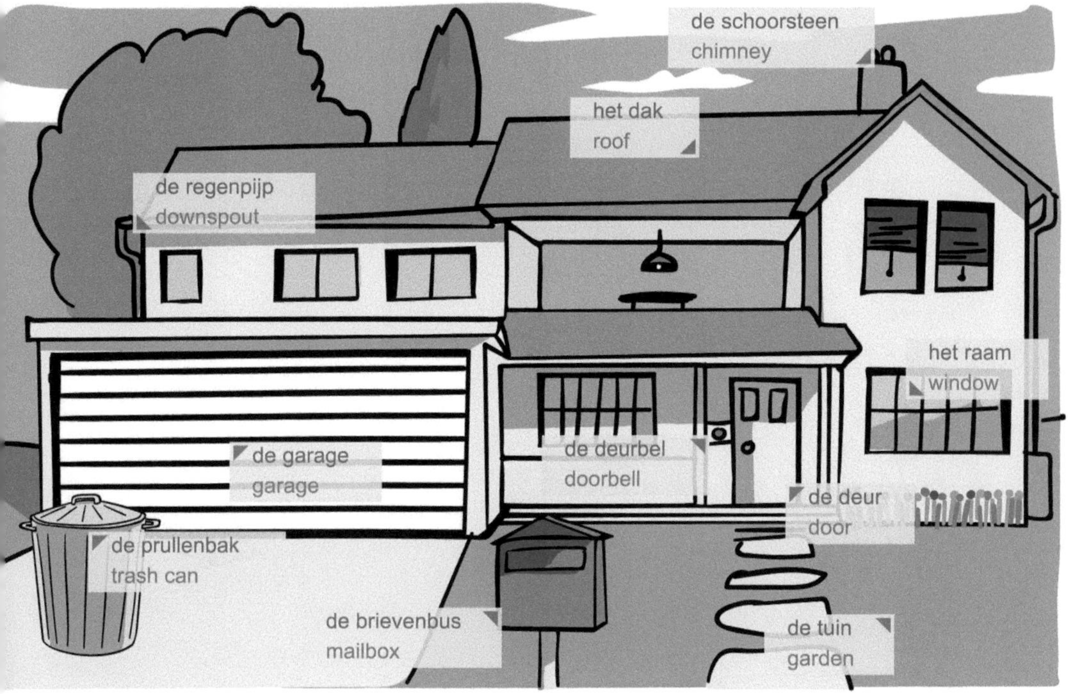

de schoorsteen
chimney

het dak
roof

de regenpijp
downspout

het raam
window

de garage
garage

de deurbel
doorbell

de deur
door

de prullenbak
trash can

de brievenbus
mailbox

de tuin
garden

de woonkamer

living room

de badkamer

bathroom

de keuken

kitchen

de slaapkamer

bedroom

de kinderkamer

kids room

de eetkamer

dining room

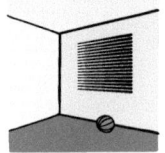

de vloer
floor

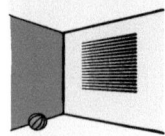

de muur
wall

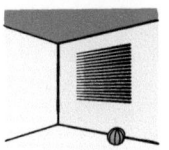

het plafond
ceiling

de kelder
cellar

de sauna
sauna

het balkon
balcony

het terras
terrace

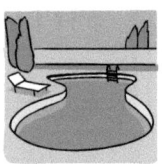

het zwembad
pool

de grasmaaier
lawn mower

het laken
sheet

de bedsprei
bedspread

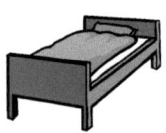

het bed
bed

de bezem
broom

de emmer
bucket

de schakelaar
switch

de woonkamer

living room

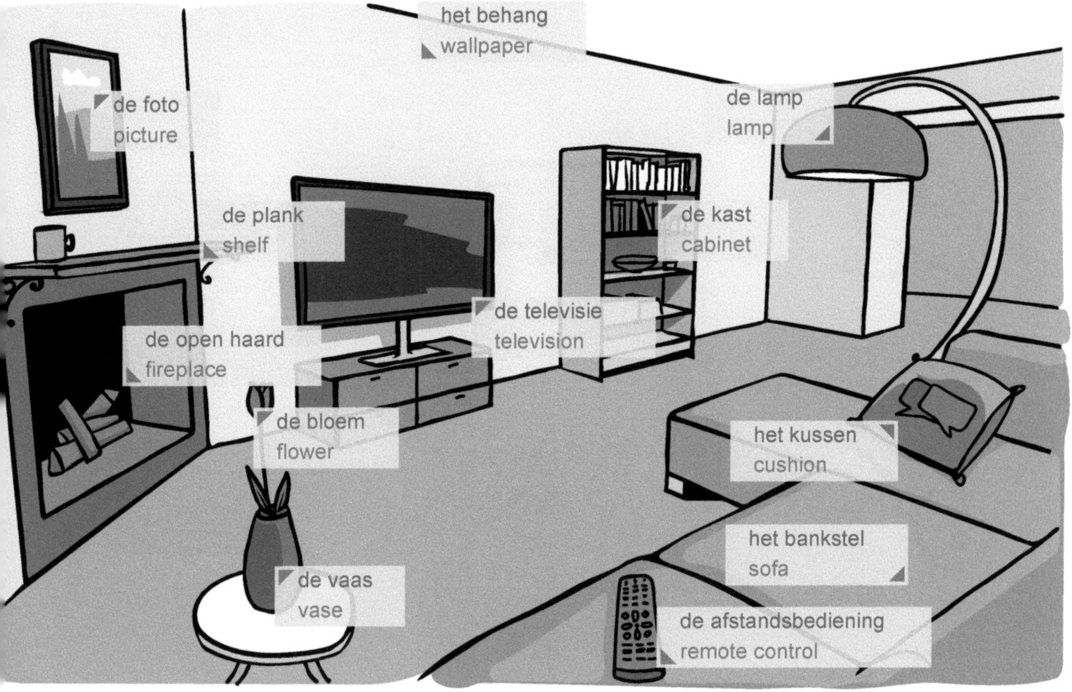
het behang
wallpaper
de foto
picture
de lamp
lamp
de plank
shelf
de kast
cabinet
de televisie
television
de open haard
fireplace
de bloem
flower
het kussen
cushion
het bankstel
sofa
de vaas
vase
de afstandsbediening
remote control

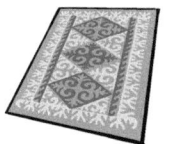

het tapijt

carpet

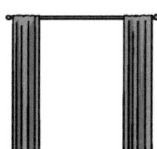

het gordijn

drape

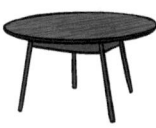

de tafel

table

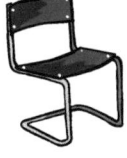

de stoel

chair

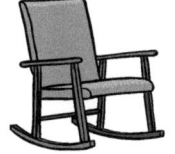

de schommelstoel

rocking chair

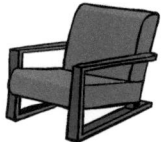

de stoel

armchair

het boek

book

de deken

blanket

de decoratie

decoration

het brandhout

firewood

de film

film

de stereo-installatie

stereo system

de sleutel

key

de krant

newspaper

het schilderij

painting

de poster

poster

de radio

radio

het kladblok

notebook

de stofzuiger

vacuum cleaner

de cactus

cactus

de kaars

candle

de keuken
kitchen

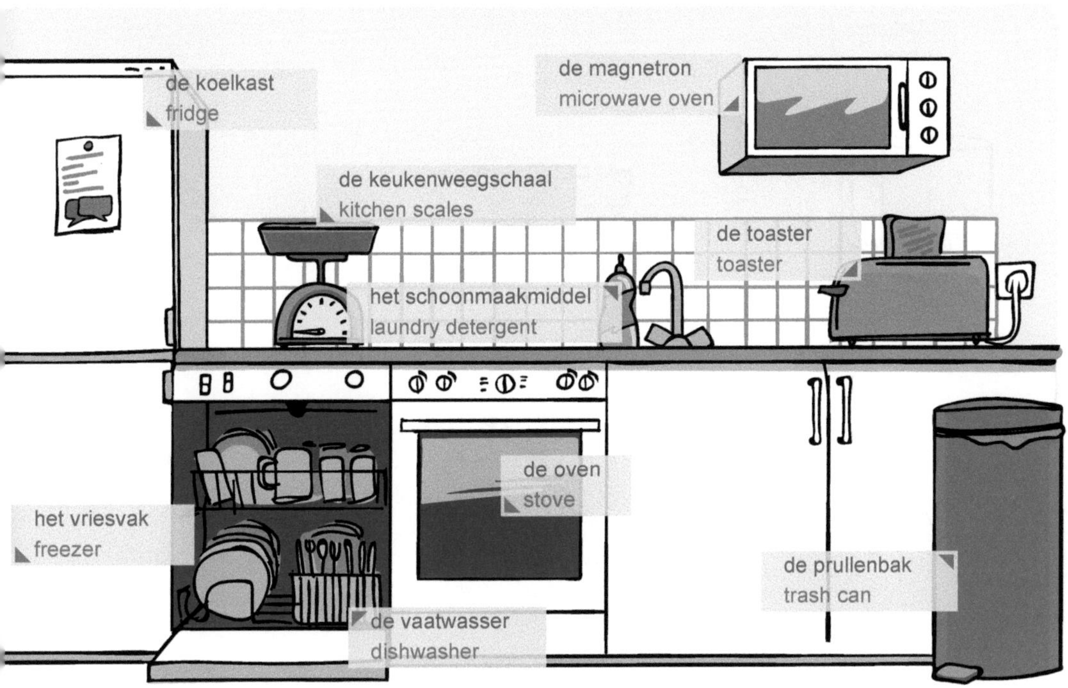
de koelkast
fridge
de magnetron
microwave oven
de keukenweegschaal
kitchen scales
de toaster
toaster
het schoonmaakmiddel
laundry detergent
de oven
stove
het vriesvak
freezer
de prullenbak
trash can
de vaatwasser
dishwasher

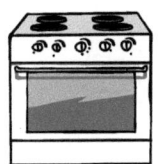

het fornuis

cooker

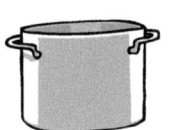

de pan

pot

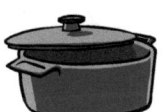

de gietijzeren pan

cast-iron pot

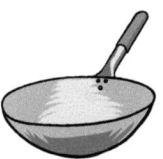

de wok / kadai

wok / kadai

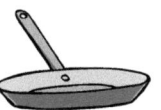

de koekenpan

pan

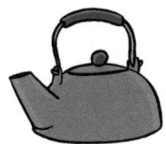

de ketel

kettle

de stoomkoker

steamer

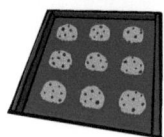

de bakplaat

baking tray

het servies

crockery

de beker

mug

de kom

bowl

de eetstokjes

chopsticks

de soeplepel

ladle

de spatel

spatula

de garde

whisk

het vergiet

strainer

de zeef

sieve

de rasp

grater

de vijzel

mortar

de barbecue

barbecue

de vuurhaard

fireplace

de snijplank

chopping board

de deegroller

rolling pin

de kurkentrekker

corkscrew

het blik

can

de blikopener

can opener

de pannenlap

oven cloth

de wasbak

sink

de borstel

brush

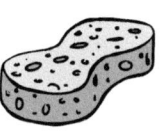

de spons

sponge

de blender

blender

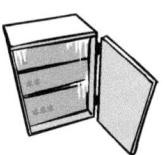

de vriezer

deep freezer

het babyflesje

baby bottle

de kraan

tap

de badkamer

bathroom

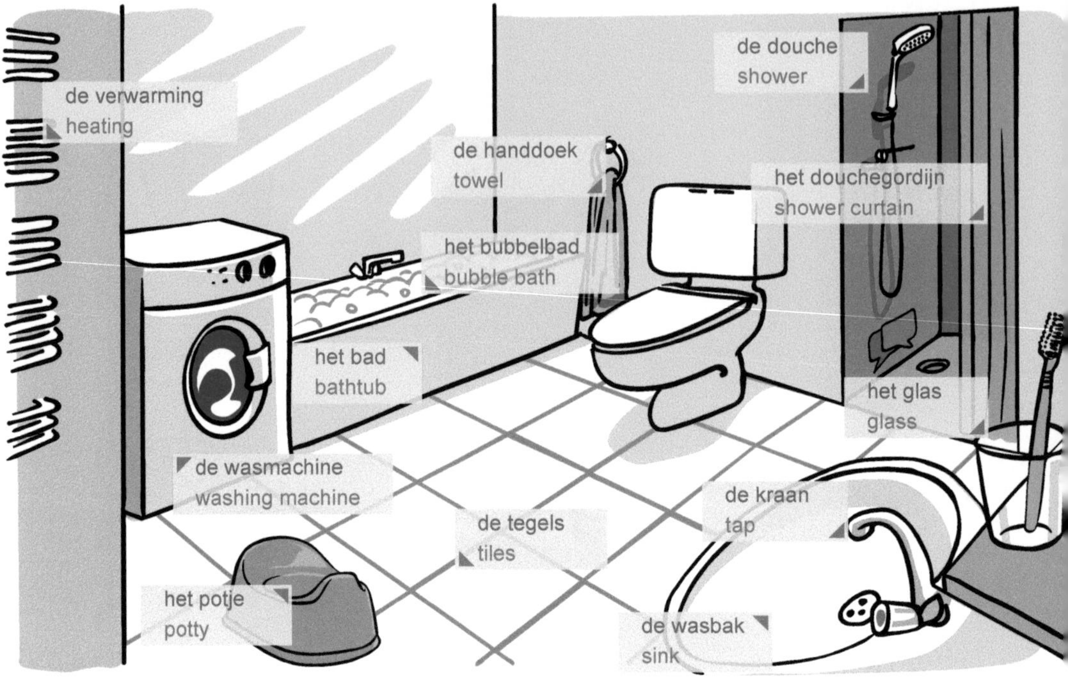

de verwarming
heating
de handdoek
towel
de douche
shower
het douchegordijn
shower curtain
het bubbelbad
bubble bath
het bad
bathtub
het glas
glass
de wasmachine
washing machine
de kraan
tap
de tegels
tiles
het potje
potty
de wasbak
sink

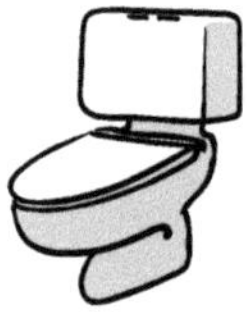

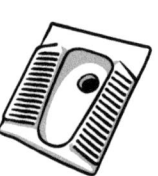

het toilet

toilet

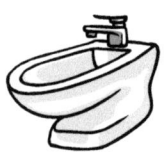

het hurktoilet

squat toilet

de/het bidet

bidet

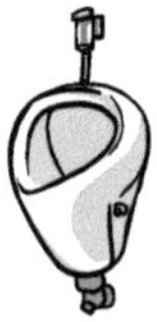

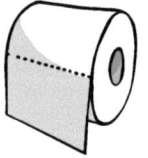

het urinoir

urinal

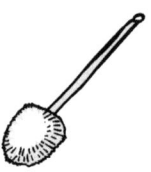

het toiletpapier

toilet paper

de toiletborstel

toilet brush

de tandenborstel

toothbrush

de tandpasta

toothpaste

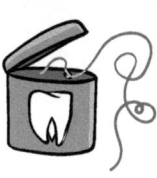

het flosdraad

dental floss

wassen

wash

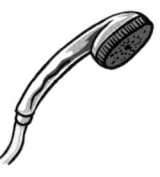

de handdouche

hand shower

de toiletdouche

douche

de waskom

basin

de rugborstel

back brush

de zeep

soap

de douchegel

shower gel

de shampoo

shampoo

het washandje

flannel

de afvoer

drain

de creme

creme

de deodorant

deodorant

de spiegel

mirror

de make-upspiegel

hand mirror

het scheermes

razor

het scheerschuim

shaving foam

de aftershave

aftershave

de kam

comb

de borstel

brush

de haardroger

hair-dryer

de haarspray

hairspray

de make-up

makeup

de lippenstift

lipstick

de nagellak

nail varnish

de watten

cotton wool

het nagelschaartje

nail scissors

de/het parfum

perfume

de toilettas

washbag

de kruk

stool

de weegschaal

weighing scales

de badjas

bathrobe

de rubber handschoenen

rubber gloves

de tampon

tampon

het maandverband

sanitary towel

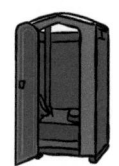

het chemisch toilet

chemical toilet

de kinderkamer

kids room

de wekker
alarm clock
het knuffeldier
cuddly toy
de speelgoedauto
toy car
de rammelaar
rattle
het poppenhuis
doll's house
het cadeau
present

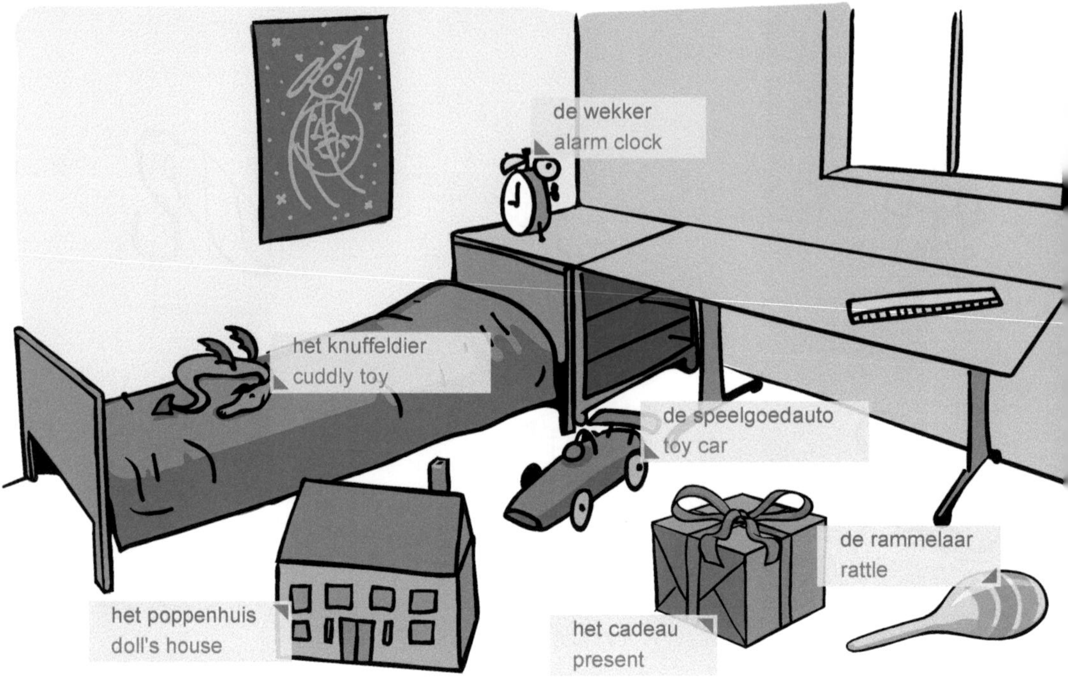

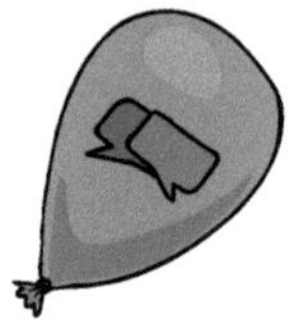

de ballon

balloon

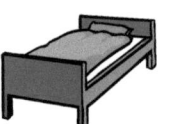

het bed

bed

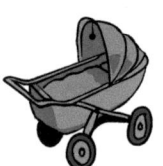

de kinderwagen

stroller

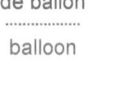

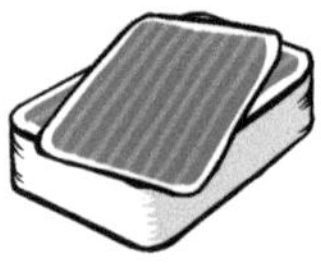

het kaartspel

deck of cards

de puzzel

jigsaw

SUPER
MEGA

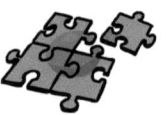

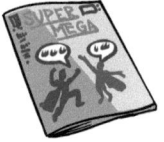

het stripverhaal

comic

de legostenen

lego bricks

de speelgoedblokken

toy blocks

het actiefiguurtje

action figure

de romper

romper suit

de frisbee

frisbee

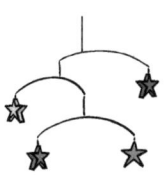

de/het mobile

mobile

het bordspel

board game

de dobbelsteen

dice

de modeltrein

model train set

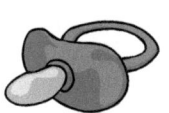

de speen

pacifier

het feestje

party

het prentenboek

picture book

de bal

ball

de pop

doll

spelen

play

de zandbak

sandpit

de schommel

swing

het speelgoed

toys

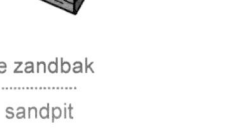

de spelcomputer

video game console

de driewieler

tricycle

de teddybeer

teddy bear

de kleerkast

wardrobe

de kleding

clothing

de sokken

socks

de kousen

stockings

de panty

tights

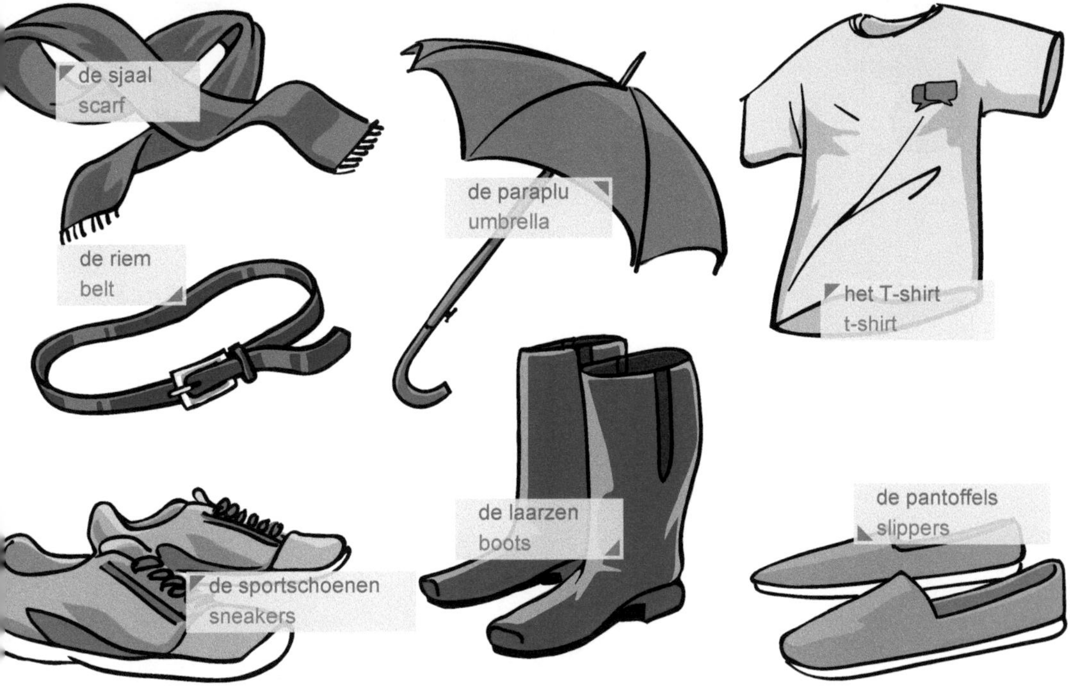

de sjaal
scarf

de paraplu
umbrella

het T-shirt
t-shirt

de riem
belt

de laarzen
boots

de pantoffels
slippers

de sportschoenen
sneakers

de sandalen
sandals

de schoenen
shoes

de rubberlaarzen
rubber boots

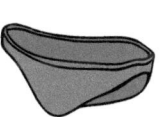

de onderbroek
underwear

de beha
bra

het onderhemd
undershirt

de kleding - clothing
45

de body

body

de broek

pants

de spijkerbroek

jeans

de rok

skirt

de blouse

blouse

het overhemd

shirt

de trui

pullover

de hoody

sweater

de blazer

blazer

de jas

jacket

de mantel

coat

de regenjas

raincoat

het kostuum

costume

de jurk

dress

de trouwjurk

wedding dress

het pak

suit

het nachthemd

nightgown

de pyjama

pajamas

de sari

sari

de hoofddoek

headscarf

de tulband

turban

de boerka

burka

de kaftan

kaftan

de abaja

abaya

het zwempak

swimsuit

de zwembroek

trunks

de korte broek

shorts

het trainingspak

tracksuit

de/het schort

apron

de handschoenen

gloves

de kleding - clothing

de knoop

button

de bril

glasses

de armband

bracelet

de ketting

necklace

de ring

ring

de oorbel

earring

de pet

cap

de kledinghanger

coat hanger

de hoed

hat

de stropdas

tie

de rits

zip

de helm

helmet

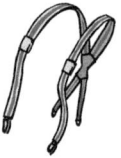

de bretels

braces

het schooluniform

school uniform

het uniform

uniform

het slabbetje
bib

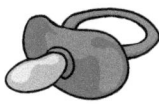

de speen
pacifier

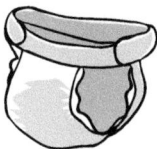

de luier
diaper

het kantoor
office

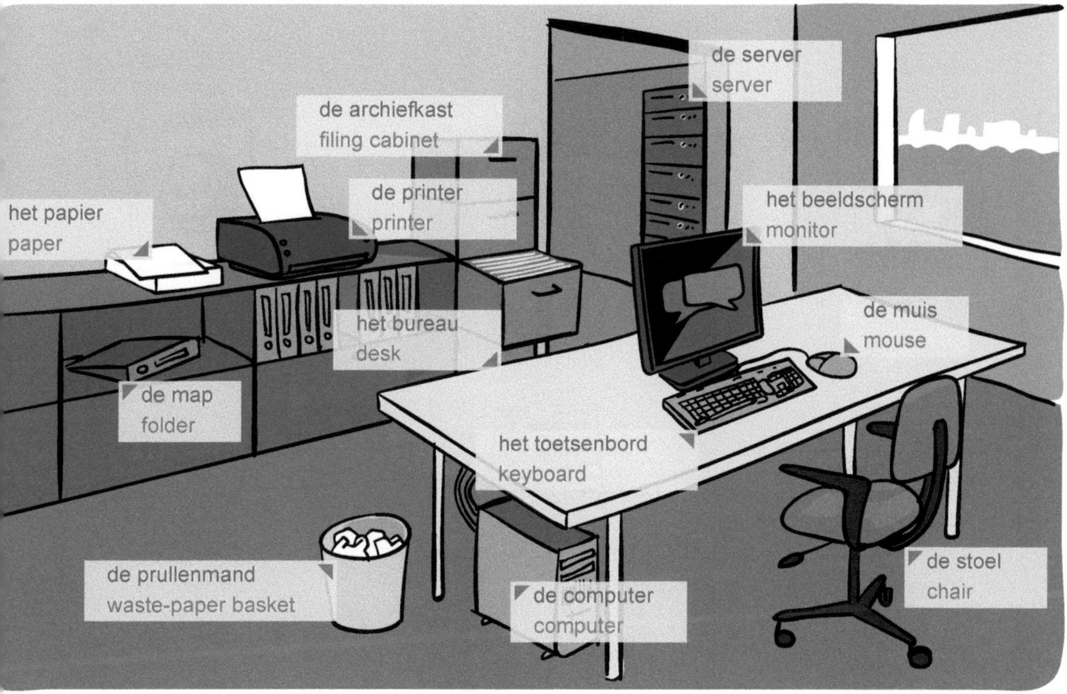

de server
server

de archiefkast
filing cabinet

de printer
printer

het papier
paper

het beeldscherm
monitor

de muis
mouse

het bureau
desk

de map
folder

het toetsenbord
keyboard

de prullenmand
waste-paper basket

de computer
computer

de stoel
chair

de koffiemok
coffee mug

de rekenmachine
calculator

het internet
internet

de laptop
laptop

de brief
letter

het bericht
message

de mobiele telefoon
cell phone

het netwerk
network

de kopieermachine
photocopier

de software
software

de telefoon
telephone

het stopcontact
plug socket

de fax
fax machine

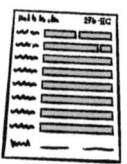

het formulier
form

het document
document

kopen

buy

betalen

pay

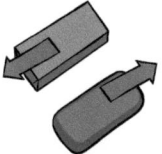

handel drijven

trade

het geld

money

USD

de dollar

dollar

EUR

de euro

euro

JPY

de yen

yen

RUB

de roebel

rouble

CHF

de Zwitserse frank

Swiss franc

CNY

de renminbi yuan

renminbi yuan

INR

de roepie

rupee

de geldautomaat

cash point

het wisselkantoor

currency exchange office

het goud

gold

het zilver

silver

de olie

oil

de energie

energy

de prijs

price

het contract

contract

de belasting

tax

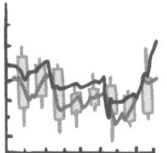

het aandeel

stock

werken

work

de werknemer

employee

de werkgever

employer

de fabriek

factory

de winkel

shop

de beroepen
occupations

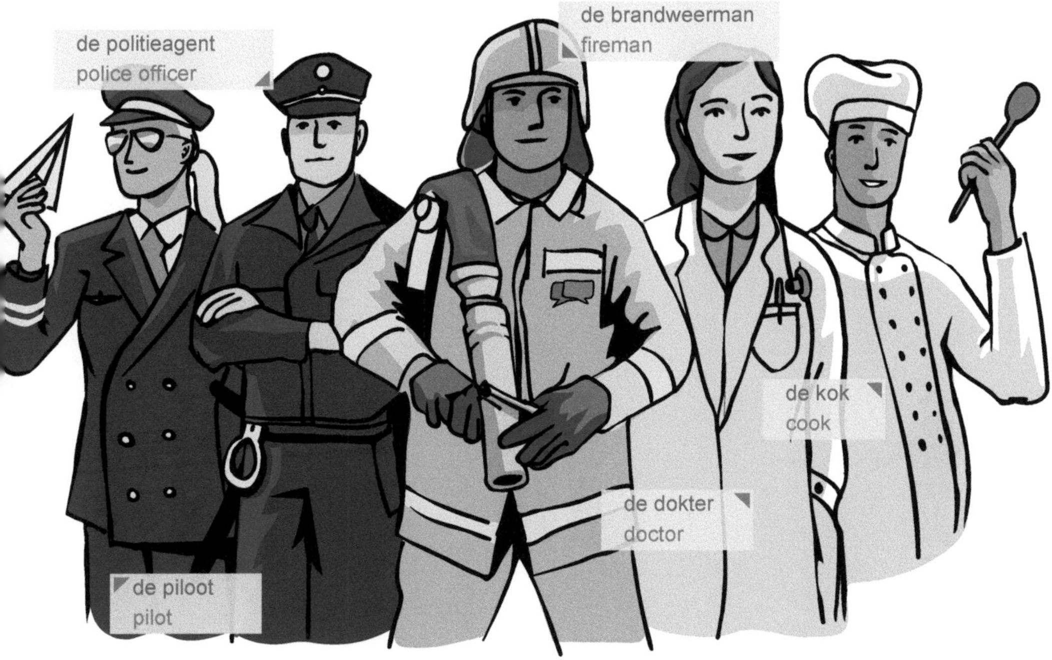
de politieagent
police officer
de brandweerman
fireman
de kok
cook
de dokter
doctor
de piloot
pilot

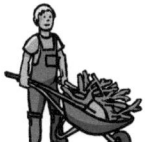

de tuinman

gardener

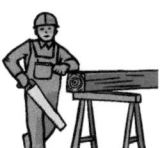

de timmerman

carpenter

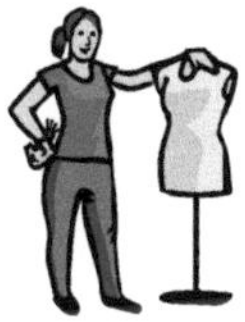

de naaister

seamstress

de rechter

judge

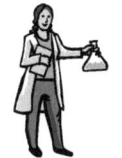

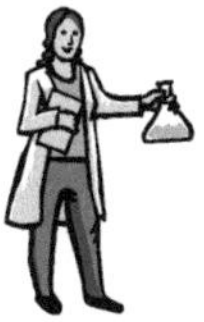

de scheikundige

chemist

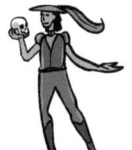

de toneelspeler

actor

de buschauffeur

bus driver

de taxichauffeur

taxi driver

de visser

fisherman

de schoonmaakster

cleaning lady

de dakdekker

roofer

de ober

waiter

de jager

hunter

de schilder

painter

de bakker

baker

de elektricien

electrician

de bouwvakker

builder

de ingenieur

engineer

de slager

butcher

de loodgieter

plumber

de postbode

postman

de beroepen - occupations

de soldaat
soldier

de architect
architect

de kassier
cashier

de bloemist
florist

de kapper
hairdresser

de conducteur
conductor

de monteur
mechanic

de kapitein
captain

de tandarts
dentist

de wetenschapper
scientist

de rabbi
rabbi

de imam
imam

de monnik
monk

de pastoor
pastor

het gereedschap

tools

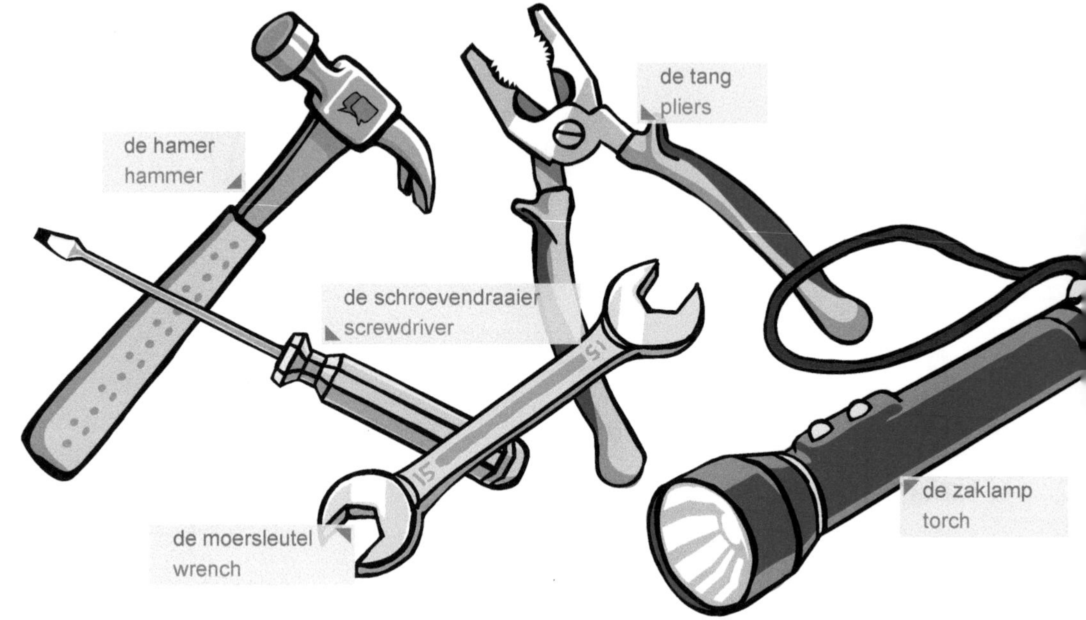
de hamer
hammer
de tang
pliers
de schroevendraaier
screwdriver
de moersleutel
wrench
de zaklamp
torch

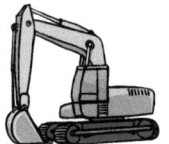

de graafmachine

excavator

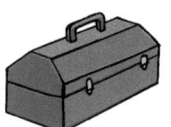

de gereedschapskist

toolbox

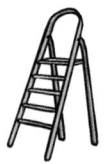

de ladder

ladder

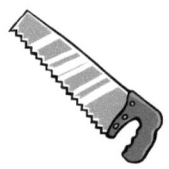

de zaag

saw

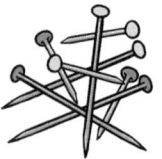

de spijkers

nails

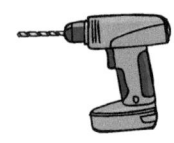

de boor

drill

repareren

repair

de schep

shovel

Verdorie!

Damn!

het stofblik

dustpan

de verfpot

paint can

de schroeven

screws

de muziekinstrumenten
musical instruments

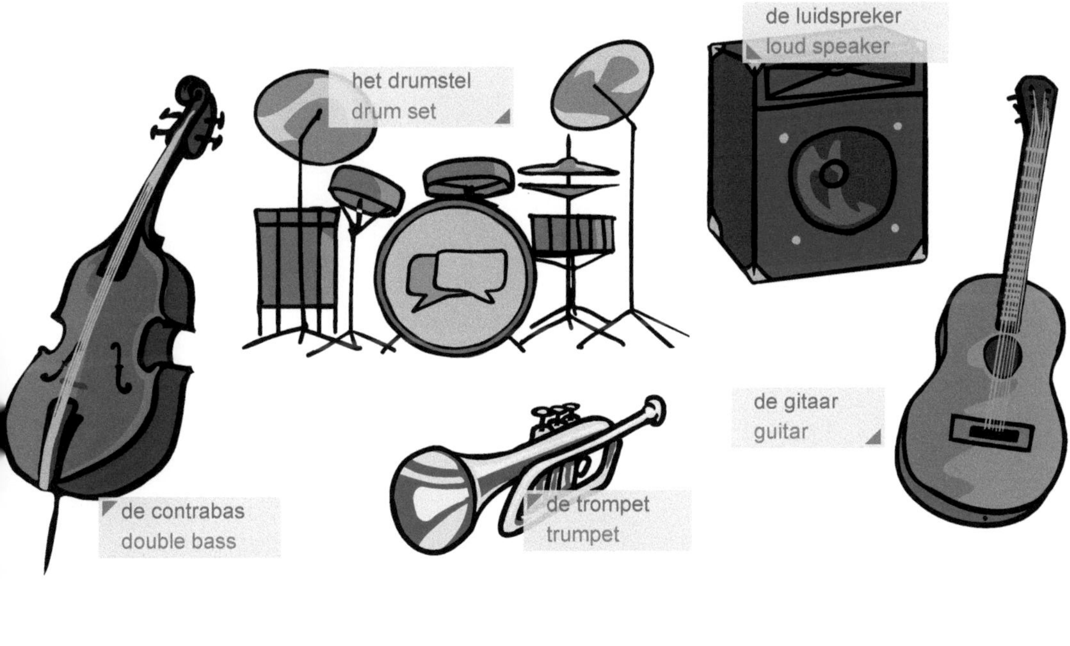

het drumstel
drum set

de luidspreker
loud speaker

de gitaar
guitar

de contrabas
double bass

de trompet
trumpet

de piano

piano

de viool

violin

de bas

bass

de pauk

timpani

de trommel

drums

het keyboard

keyboard

de saxofoon

saxophone

de fluit

flute

de microfoon

microphone

de muziekinstrumenten - musical instruments

de dierentuin

zoo

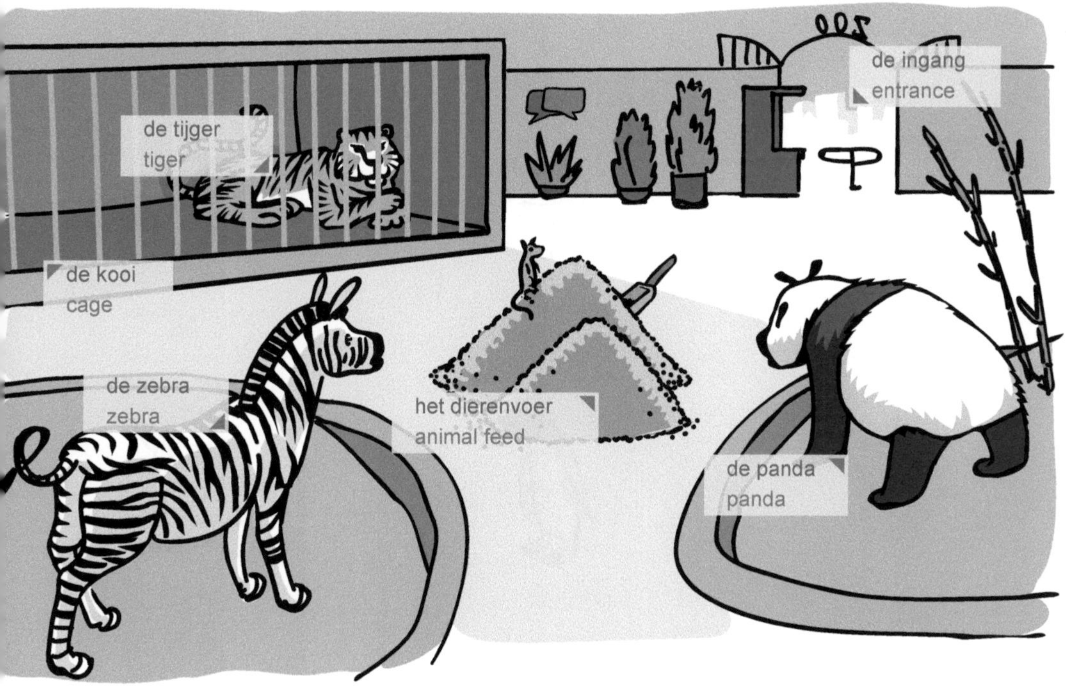

zoo
de ingang
entrance
de tijger
tiger
de kooi
cage
de zebra
zebra
het dierenvoer
animal feed
de panda
panda

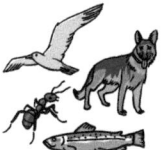

de dieren

animals

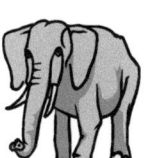

de olifant

elephant

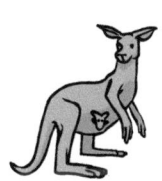

de kangoeroe

kangaroo

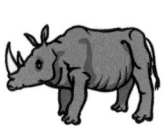

de neushoorn

rhino

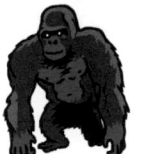

de gorilla

gorilla

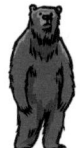

de beer

bear

de kameel

camel

de struisvogel

ostrich

de leeuw

lion

de aap

monkey

de flamingo

flamingo

de papegaai

parrot

de ijsbeer

polar bear

de pinguïn

penguin

de haai

shark

de pauw

peacock

de slang

snake

de krokodil

crocodile

de dierenverzorger

zookeeper

de zeehond

seal

de jaguar

jaguar

de pony

pony

de/het luipaard

leopard

het nijlpaard

hippo

de giraffe

giraffe

de adelaar

eagle

het wild zwijn

boar

de vis

fish

de schildpad

turtle

de walrus

walrus

de vos

fox

de gazelle

gazelle

American football
American football

wielrennen
cycling

tennis
tennis

basketbal
basketball

zwemmen
swimming

ijshockey
ice hockey

boksen
boxing

voetbal
soccer

badminton
badminton

atletiek
athletics

handbal
handball

skiën
skiing

polo
polo

springen
jump

lachen
laugh

knuffelen
hug

lopen
walk

zingen
sing

dromen
dream

bidden
pray

kussen
kiss

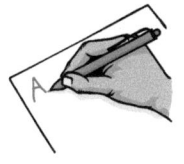

schrijven

write

tekenen

draw

tonen

show

duwen

push

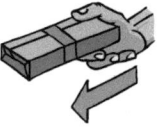

geven

give

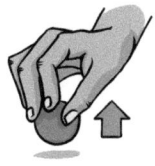

oppakken

take

hebben

have

doen

do

zijn

be

staan

stand

rennen

run

trekken

pull

gooien

throw

vallen

fall

liggen

lie

wachten

wait

dragen

carry

zitten

sit

aankleden

get dressed

slapen

sleep

wakker worden

wake up

bekijken

look at

huilen

cry

strelen

stroke

kammen

comb

praten

talk

begrijpen

understand

vragen

ask

horen

listen

drinken

drink

eten

eat

opruimen

tidy up

houden van

love

koken

cook

rijden

drive

vliegen

fly

zeilen

sail

rekenen

calculate

lezen

read

leren

learn

werken

work

trouwen

marry

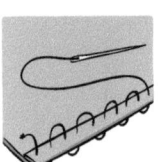

naaien

sew

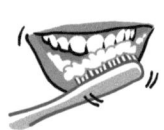

tandenpoetsen

brush teeth

doden

kill

roken

smoke

verzenden

send

de familie

family

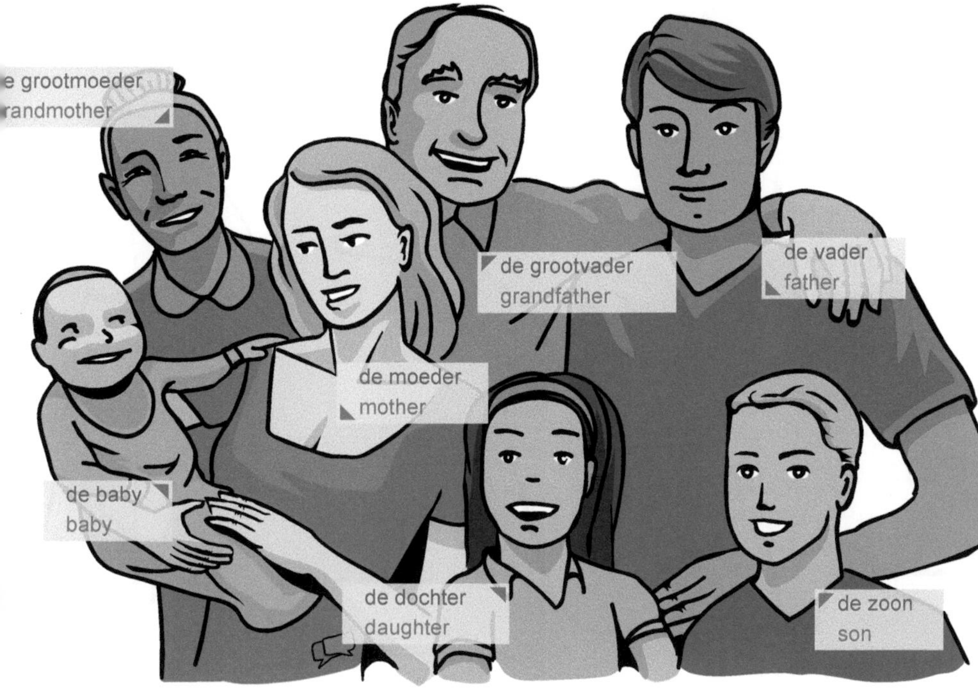

e grootmoeder
randmother
de grootvader
grandfather
de vader
father
de moeder
mother
de baby
baby
de dochter
daughter
de zoon
son

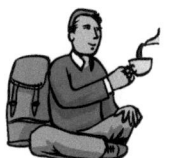

de gast

guest

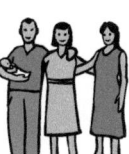

de tante

aunt

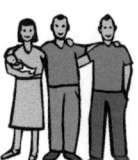

de oom

uncle

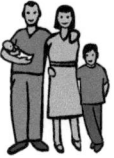

de broer

brother

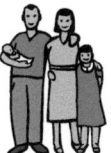

de zus

sister

het lichaam

body

het voorhoofd
forehead
het oog
eye
de schouder
shoulder
de vinger
finger
het gezicht
face
de kin
chin
de hand
hand
het been
leg
de borst
breast
de arm
arm

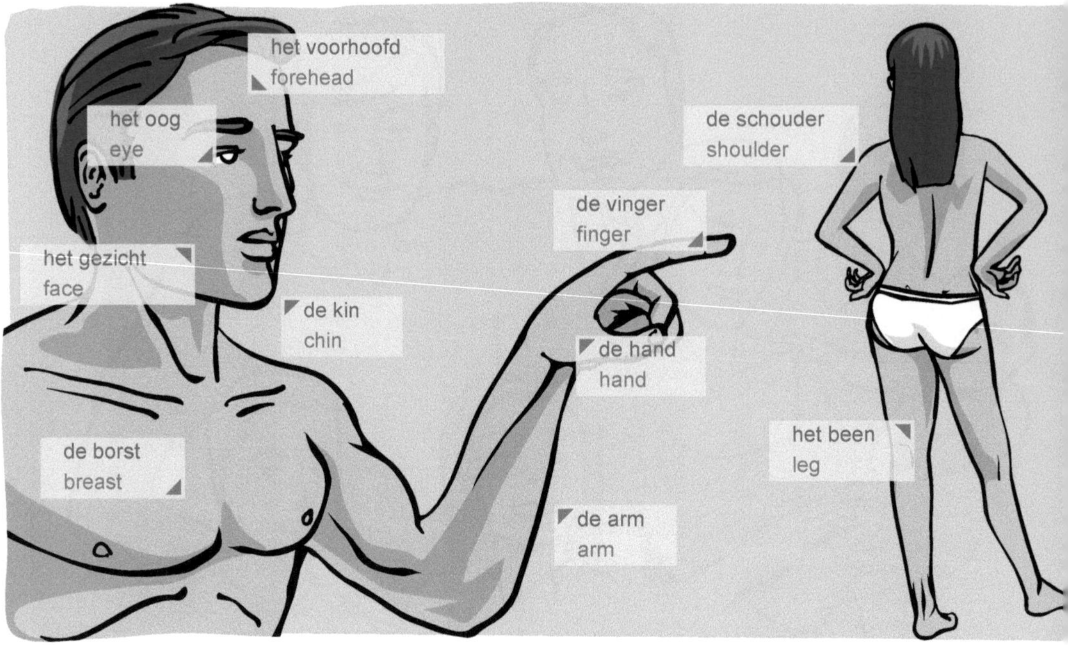

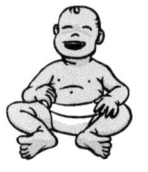

de baby
baby

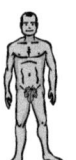

de man
man

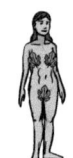

de vrouw
woman

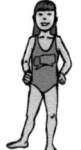

het meisje
girl

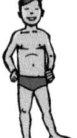

de jongen
boy

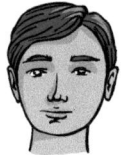

het hoofd
head

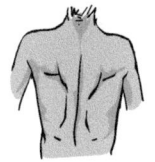

de rug

back

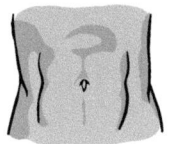

de buik

belly

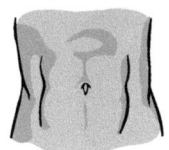

de navel

navel

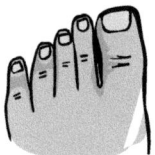

de teen

toe

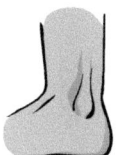

de hiel

heel

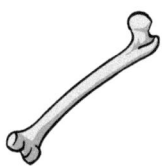

het bot

bone

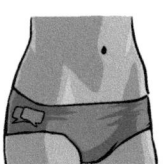

de heup

hip

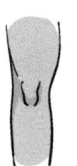

de knie

knee

de elleboog

elbow

de neus

nose

het achterwerk

buttocks

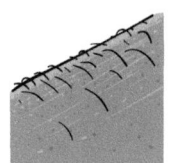

de huid

skin

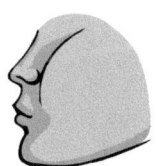

de wang

cheek

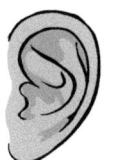

het oor

ear

de lippen

lip

de mond

mouth

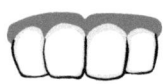

de tand

tooth

de tong

tongue

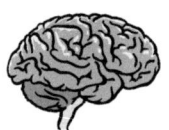

de hersenen

brain

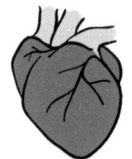

het hart

heart

de spier

muscle

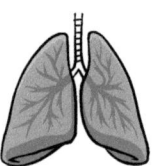

de long

lung

de lever

liver

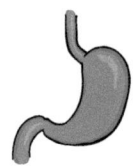

de maag

stomach

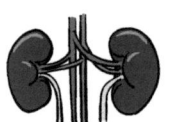

de nieren

kidneys

de geslachtsgemeenschap

sex

het condoom

condom

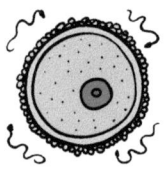

de eicel

ovum

het sperma

semen

de zwangerschap

pregnancy

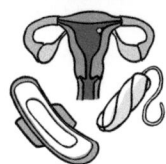

de menstruatie

menstruation

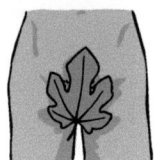

de vagina

vagina

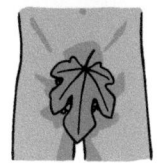

de penis

penis

de wenkbrauw

eyebrow

het haar

hair

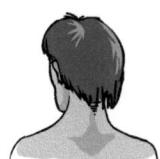

de hals

neck

het ziekenhuis

hospital

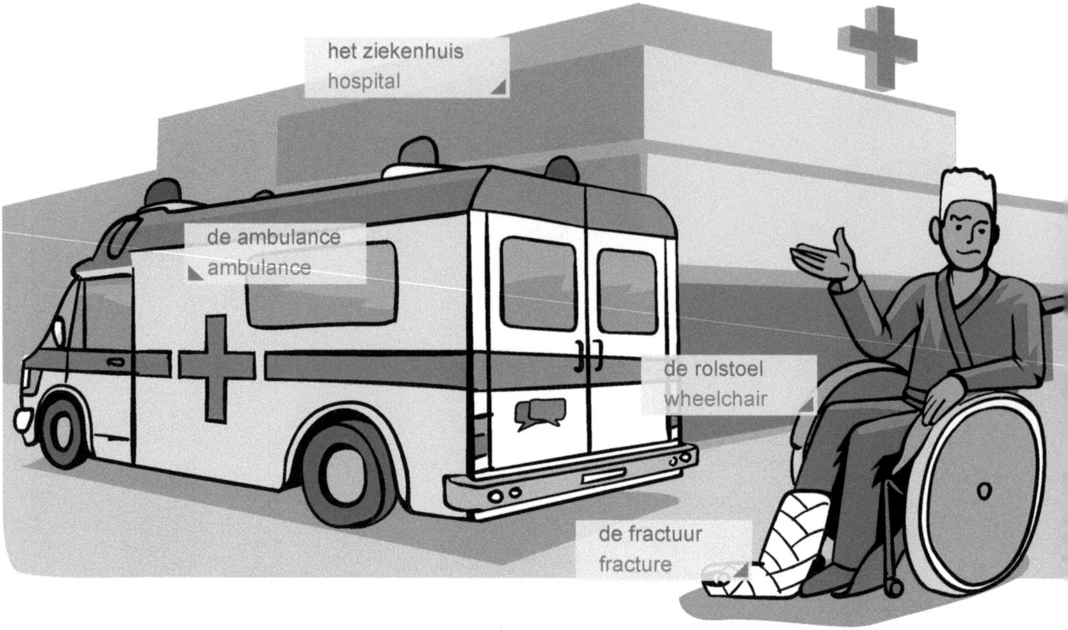

het ziekenhuis
hospital
de ambulance
ambulance
de rolstoel
wheelchair
de fractuur
fracture

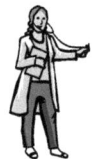

de dokter

doctor

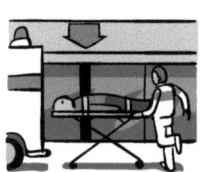

de EHBO

emergency room

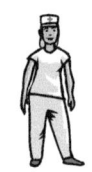

de verpleegster

nurse

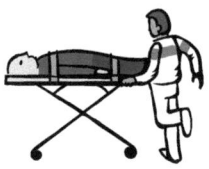

het noodgeval

emergency

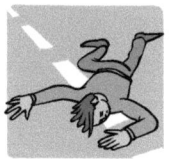

bewusteloos

unconscious

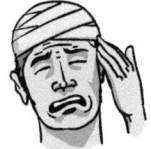

de pijn

pain

de verwonding

injury

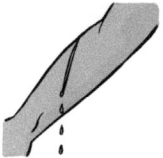

de bloeding

bleeding

de hartaanval

heart attack

de beroerte

stroke

de allergie

allergy

de hoest

cough

de koorts

fever

de griep

flu

de diarree

diarrhea

de hoofdpijn

headache

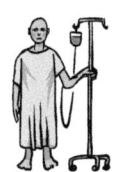

de kanker

cancer

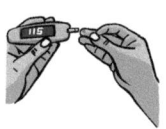

de diabetes

diabetes

de chirurg

surgeon

het scalpel

scalpel

de operatie

operation

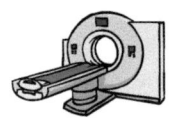

de CT

CT

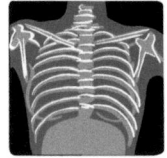

de röntgen

x-ray

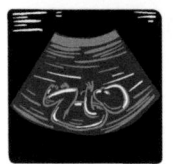

de echografie

ultrasound

het gezichtsmasker

face mask

de ziekte

disease

de wachtkamer

waiting room

de kruk

crutch

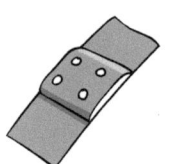

de pleister

plaster

het verband

bandage

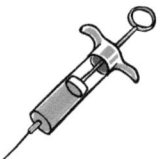

de injectie

injection

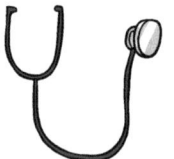

de stethoscoop

stethoscope

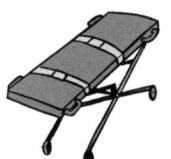

de brancard

stretcher

de thermometer

clinical thermometer

de geboorte

birth

het overgewicht

overweight

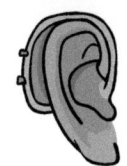

het gehoorapparaat

hearing aid

het ontsmettingsmiddel

disinfectant

de infectie

infection

het virus

virus

(de) HIV / AIDS

HIV / AIDS

het medicijn

medicine

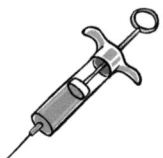

de inenting

vaccination

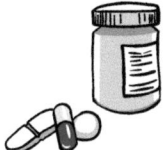

de tabletten

tablets

de pil

pill

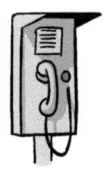

het alarmnummer

emergency call

de bloeddrukmeter

blood pressure monitor

ziek / gezond

ill / healthy

Help!

Help!

het alarm

alarm

de overval

assault

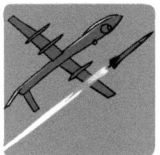

de aanval

attack

het gevaar

danger

de nooduitgang

emergency exit

Brand!

Fire!

de brandblusser

fire extinguisher

het ongeluk

accident

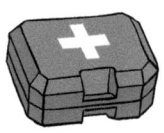

de EHBO-koffer

first-aid kit

SOS

SOS

de politie

police

Europa

Europe

Noord-Amerika

North America

Zuid-Amerika

South America

Afrika

Africa

Azië

Asia

Australië

Australia

de Atlantische Oceaan

Atlantic

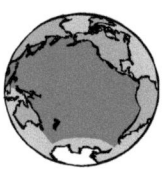

de Stille Oceaan

Pacific

de Indische Oceaan

Indian Ocean

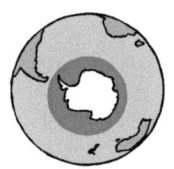

de Zuidelijke Oceaan

Antarctic Ocean

de Noordelijke IJszee

Arctic Ocean

de Noordpool

North pole

de Zuidpool

South pole

Antarctica

Antarctica

de aarde

earth

het land

land

de zee

sea

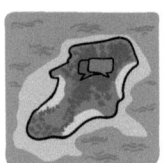

het eiland

island

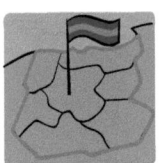

de natie

nation

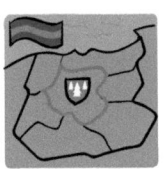

de staat

state

de wijzerplaat

clock face

de uurwijzer

hour hand

de minutenwijzer

minute hand

de secondewijzer

second hand

Hoe laat is het?

What time is it?

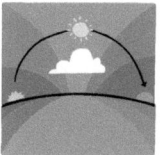

de dag

day

de tijd

time

nu

now

het digitaal horloge

digital watch

de minuut

minute

het uur

hour

de week

week

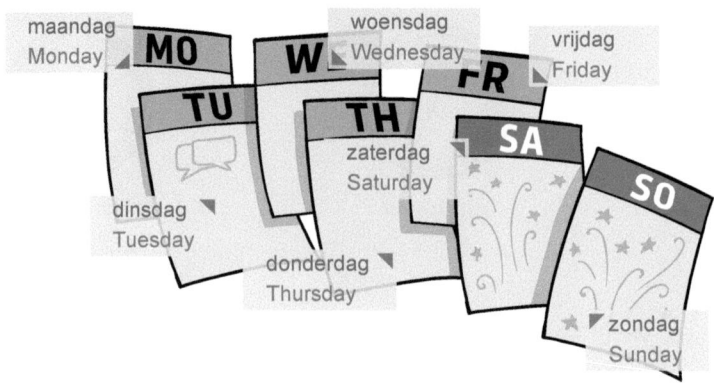

maandag
Monday

woensdag
Wednesday

vrijdag
Friday

dinsdag
Tuesday

zaterdag
Saturday

donderdag
Thursday

zondag
Sunday

gisteren

yesterday

vandaag

today

morgen

tomorrow

de ochtend

morning

de middag

noon

de avond

evening

MO	TU	WE	TH	FR	SA	SU
1	2	3	4	5	6	7
8	9	10	11	12	13	14
15	16	17	18	19	20	21
22	23	24	25	26	27	28
29	30	31	1	2	3	4

de werkdagen

workdays

MO	TU	WE	TH	FR	SA	SU
1	2	3	4	5	6	7
8	9	10	11	12	13	14
15	16	17	18	19	20	21
22	23	24	25	26	27	28
29	30	31	1	2	3	4

het weekend

weekend

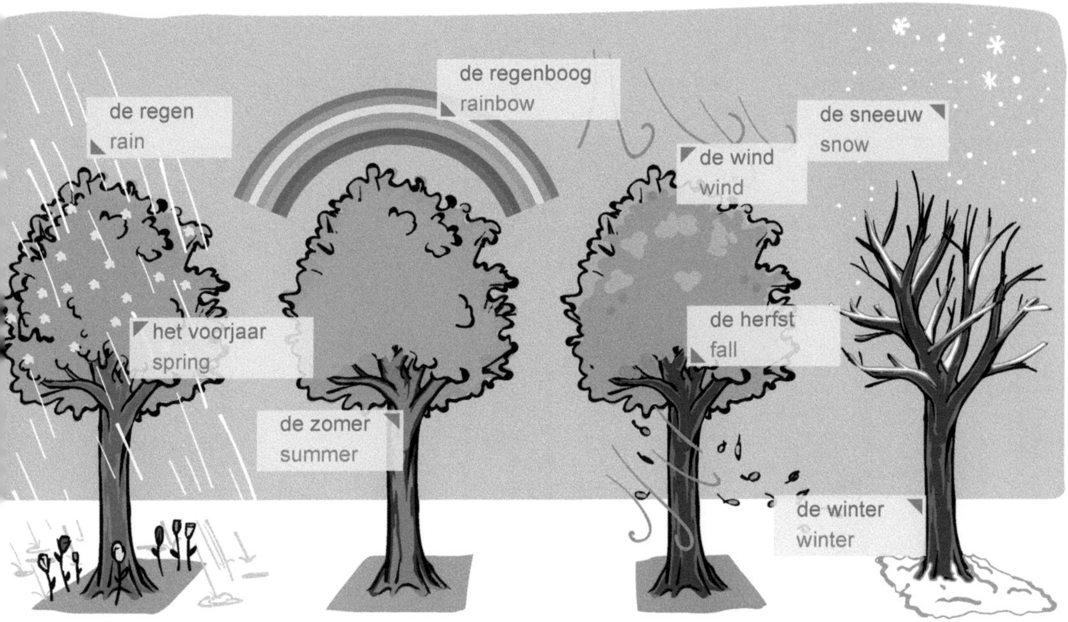

de regen
rain
de regenboog
rainbow
de sneeuw
snow
de wind
wind
het voorjaar
spring
de zomer
summer
de herfst
fall
de winter
winter

4.APRIL 11°
5.APRIL 4°
6.APRIL 13°
7.APRIL 8°
8.APRIL 10°

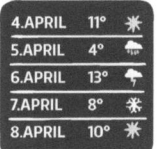

het weerbericht

weather forecast

F
C
120
90
60
30
0
-30
40
30
20
10
0
-10
-20

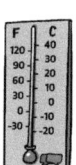

de thermometer

thermometer

de zonneschijn

sunshine

de wolk

cloud

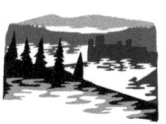

de mist

fog

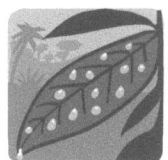

de luchtvochtigheid

humidity

de bliksem

lightning

de donder

thunder

de storm

storm

de hagel

hail

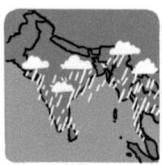

de moesson

monsoon

de overstroming

flood

het ijs

ice

januari

January

februari

February

maart

March

april

April

mei

May

juni

June

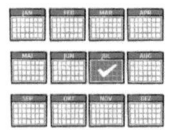

juli

July

augustus

August

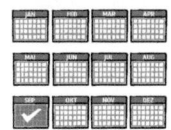

september
....
September

oktober
....
October

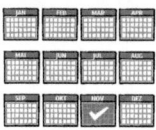

november
....
November

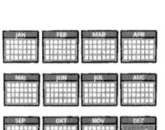

december
....
December

de vormen
shapes

de cirkel
....
circle

het vierkant
....
square

de rechthoek
....
rectangle

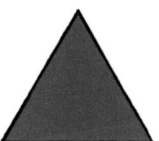

de driehoek
....
triangle

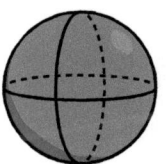

de bol
....
sphere

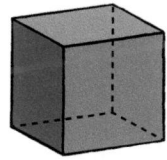

de kubus
....
cube

de kleuren
colors

wit

white

geel

yellow

oranje

orange

roze

pink

rood

red

paars

purple

blauw

blue

groen

green

bruin

brown

grijs

gray

zwart

black

veel / weinig

a lot / a little

boos / rustig

angry / calm

mooi / lelijk

beautiful / ugly

begin / einde

beginning / end

groot / klein

big / small

licht / donker

bright / dark

broer / zus

brother / sister

schoon / vies

clean / dirty

volledig / onvolledig

complete / incomplete

dag/ nacht

day / night

dood / levend

dead / alive

breed / smal

wide / narrow

eetbaar / oneetbaar

edible / inedible

gemeen / aardig

evil / kind

opgewonden / verveeld

excited / bored

dik / dun

fat / thin

eerste / laatste

first / last

vriend / vijand

friend / enemy

vol / leeg

full / empty

hard / zacht

hard / soft

zwaar / licht

heavy / light

honger / dorst

hunger / thirst

ziek / gezond

ill / healthy

illegaal / legaal

illegal / legal

intelligent / dom

intelligent / stupid

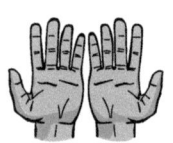

links / rechts

left / right

dichtbij / ver

near / far

nieuw / gebruikt

new / used

niets / iets

nothing / something

oud / jong

old / young

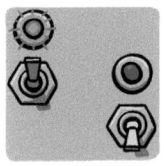

aan / uit

on / off

open / gesloten

open / closed

zacht / luid

quiet / loud

rijk / arm

rich / poor

goed / fout

right / wrong

ruw / glad

rough / smooth

verdrietig / gelukkig

sad / happy

kort / lang

short / long

langzaam / snel

slow / fast

nat / droog

wet / dry

warm / koel

warm / cool

oorlog / vrede

war / peace

de getallen
numbers

0

nul

zero

1

één

one

2

twee

two

3

drie

three

4

vier

four

5

vijf

five

6

zes

six

7

zeven

seven

8

acht

eight

9

negen

nine

10

tien

ten

11

elf

eleven

12

twaalf

twelve

13

dertien

thirteen

14

veertien

fourteen

15

vijftien

fifteen

16

zestien

sixteen

17

zeventien

seventeen

18

achttien

eighteen

19

negentien

nineteen

20

twintig

twenty

100

honderd

hundred

1.000

duizend

thousand

1.000.000

miljoen

million

de talen
languages

Engels

English

Amerikaans Engels

American English

Chinees Mandarijn

Chinese Mandarin

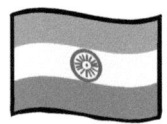

Hindi

Hindi

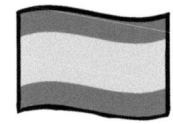

Spaans

Spanish

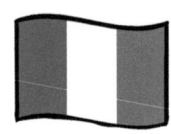

Frans

French

Arabisch

Arabic

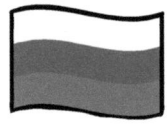

Russisch

Russian

Portugees

Portuguese

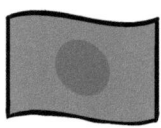

Bengalees

Bengali

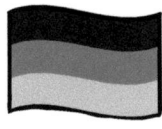

Duits

German

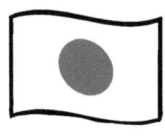

Japans

Japanese

ik

I

jij

you

hij / zij / het

he / she / it

wij

we

jullie

you

zij

they

wie?

who?

wat?

what?

hoe?

how?

waar?

where?

wanneer?

when?

de naam

name

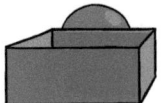

achter

behind

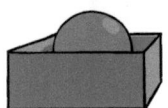

in

in

voor

in front of

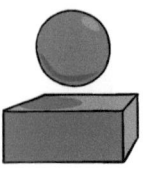

boven

over

op

on

onder

under

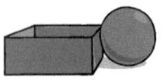

naast

beside

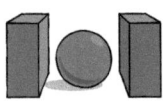

tussen

between

plaats

place